BEI GRIN MACHT SICH IHR WISSEN BEZAHLT

AF144333

- Wir veröffentlichen Ihre Hausarbeit,
  Bachelor- und Masterarbeit

- Ihr eigenes eBook und Buch -
  weltweit in allen wichtigen Shops

- Verdienen Sie an jedem Verkauf

Jetzt bei www.GRIN.com hochladen
und kostenlos publizieren

Trainingsplanung Beweglichkeitstraining und Koordinationstraining

Alisa Schäfers

Bibliografische Information der Deutschen Nationalbibliothek:

Die Deutsche Nationalbibliothek verzeichnet diese Publikation in der Deutschen Nationalbibliografie; detaillierte bibliografische Daten sind im Internet über http://dnb.d-nb.de abrufbar.

ISBN: 9783346092212
Dieses Buch ist auch als E-Book erhältlich.

Druck und Bindung: Books on Demand GmbH, Norderstedt Germany
Gedruckt auf säurefreiem Papier aus verantwortungsvollen Quellen

Das vorliegende Werk wurde sorgfältig erarbeitet. Dennoch übernehmen Autoren und Verlag für die Richtigkeit von Angaben, Hinweisen, Links und Ratschlägen sowie eventuelle Druckfehler keine Haftung.

Das Buch bei GRIN: https://www.grin.com/document/511700

Deutsche Hochschule für
Prävention und Gesundheitsmanagement
Hermann Neuberger Sportschule 3
66123 Saarbrücken

Einsendeaufgabe

Fachmodul: Trainingslehre III

Studiengang: Bachelor Gesundheitsmanagement

Datum
Präsenzphase: 16.09.2019 – 18.09.2019

Name, Vorname: Schäfers, Alisa

Studienort: **Düsseldorf**

Semester: **Wintersemester 2017**

Inhaltsverzeichnis

1 Allgemeine und biometrische Daten des Kunden

Tab. 1: Allgemeine und biometrische Daten des Kunden (Eigene Darstellung)

Parameter	Wert	Bewertung
Alter	22 Jahre	Erwachsen
Geschlecht	Männlich	
Körpergröße	185 cm	
Körpergewicht	80 kg	
Trainingsmotive	Verbesserung der Beweglichkeit und Koordination (bzgl. Fußball in einer Kreisliga B – Mannschaft) Verbesserung Nackenverspannung	
Berufliche Tätigkeit	Industriemechaniker bei XY in XY	Körperlich anstrengende Arbeit
Frühere sportliche Aktivitäten	2x pro Woche Fußball und gelegentliches Joggen	
Aktuelle sportliche Aktivitäten	3x pro Woche Fußball, 1x pro Woche Tanzen im Männerballett	
Leistungsstufe	Trainiert	
Zeitlicher Verfügungsrahmen	4x pro Woche ca. 90 Minuten	
Orthopädische Probleme	1999 Bruch des Schlüsselbeins 2013 Rippenbruch	Keine Probleme Keine Probleme
Internistische Probleme	Keine	
Ärztliche Behandlungen	Aufenthalt im Krankenhaus aufgrund des Schlüsselbein- und Rippenbruchs	
Einnahme von Medikamenten	Keine	
Sonstige gesundheitliche Einschränkungen	Keine	
Belastbarkeit bzw. Trainierbarkeit	Der Proband hat zweimal pro Woche Fußballtraining und ein Spiel an den Wochenenden. Des Weiteren geht er einmal die Woche zum Männerballett. Er selbst fühlt sich sehr unbeweglich, vor allem beim Fußballtraining bezüglich des Dehnens. Seine Ausdauer und Kraft ist gut trainiert. Die koordinativen Fähigkeiten schätzt er selbst, aufgrund seiner sportlichen Aktivitäten, gut ein. Dehnen und Koordination werden in beiden Aktivitäten ausgeführt, jedoch nicht sehr regelmäßig. und effektiv.	Keine Einschränkungen und gute Voraussetzzungen bezüglich Belastbarkeit/ Trainierbarkeit ("low-back-pain")

2 Beweglichkeitstestung

Um eine präzise Diagnostik hinsichtlich der Beweglichkeit des Kunden zu stellen werden Gelenkbewegungen gemessen. Die Testung der Beweglichkeit wird in drei Stufen unterteilt:

Tab. 2: Die drei Stufen der Beweglichkeitsmessung (Eigene Darstellung)

Stufe 0	Normale/ gute Beweglichkeit, keine Defizite
Stufe 1	Leicht eingeschränkte Beweglichkeit, leichte Defizite
Stufe 2	Stark eingeschränkte Beweglichkeit, erhebliche Defizite

Tab. 3: Manuelle Beweglichkeitstestung (modifiziert nach Janda, 2000, S.255-271)

Zu testende Muskelgruppen	Beschreibung
M. pectoralis major	Der Proband befindet sich in Rückenlage. Die Beine werden zu 90° angewinkelt, um das Becken zu fixieren. Im gesamten Testdurchlauf bleiben beide Beine in dieser Position. Die Füße liegen auf. Der Proband muss an der äußersten Längskante der Liege liegen. Das Schultergelenk sollte dabei frei in der Luft über dem Boden hängen. Der Kopf bleibt flach liegen und der rechte Arm liegt auf der Brust. Des Weiteren sollte der Rücken ebenfalls flach aufliegen, um eine Hyperlordose in der Lendenwirbelsäule zu vermeiden. Das Schultergelenk des linken Arms wird abduziert und außenrotiert, wobei sich das Ellenbogengelenk in einem 90°- Beugewinkel befindet. Die Handinnenfläche zeigt in Richtung Decke. Oberarm sowie Unterarm bleiben auf einer horizontalen Höhe. Die Position des Oberarms zur Horizontalen dient als Messbereich. Der Proband lässt den Arm ohne Anspannung in Richtung des Bodens hängen. Der Test wird für beide Seiten der Brustmuskulatur durchgeführt sowie bewertet und verglichen. Stufe 0: Keine Defizite in der Bewegung; Der Oberarm erreicht die Horizontale; Mit leichten Druck des Testers kann der Oberarm Richtung Horizontale bewegt werden Stufe 1: Leichte Defizite in der Bewegung; Der Oberarm erreicht die Horizontale nicht; Mit leichtem Druck des Testers kann der Oberarm Richtung Horizontale bewegt werden Stufe 2: Starke Defizite in der Bewegung; Trotz Druck des Testers erreicht der Oberarm die Horizontale nicht
M. iliopsoas	Der Proband befindet sich in Rückenlage. Beide Hüftknochen befinden sich auf Höhe der Querseitenkante. Das Gesäß befindet sich am Rand der Liege. Der Proband lässt beide Beine von der Liege hängen. Das rechte Bein wird maximal weit zum Körper heran angewinkelt. Beide Hände des Probanden befinden sich in der Kniekehle. Der Tester kann durch leichten Druck den Probanden bei der maximalen Spannweite unterstützen. Das linke Bein ist im Überhang. Es wird die Flexion der Hüfte des linken Beines beobachtet. Das Verhältnis zwischen Oberschenkel und Körperlängsachse dient als Messbereich. Das Becken und der Rücken müssen flach aufliegen und fixiert sein. Ein Abheben des Beckens sowie eine Hyperlordose in der Lendenwirbelsäule soll vermieden werden. Der Test wird für beide Seiten der Hüftbeugemuskulatur durchgeführt sowie bewertet und verglichen. Stufe 0: Keine Defizite in der Bewegung; Der Oberschenkel erreicht die Horizontale; Der Tester kann durch leichten Druck den Oberschenkel Richtung Horizontale bewegen Stufe 1: Leichte Defizite in der Bewegung; Die Hüfte ist leicht gebeugt; Der Tester kann durch

Zu testende Muskelgruppen	Beschreibung
	leichten Druck den Oberschenkel Richtung Horizontale bewegen
	Stufe 2: Starke Defizite in der Bewegung; Trotz Druck des Testers kann der Oberschenkel die Horizontale nicht erreichen
M. rectus femoris	Der Proband befindet sich in Rückenlage. Beide Hüftknochen befinden sich auf Höhe der Querseitenkante. Das Gesäß befindet sich am Rand der Liege. Der Proband lässt beide Beine von der Liege hängen. Das rechte Bein wird maximal weit zum Körper heran angewinkelt. Der Tester fixiert das linke Bein in einem maximalen Hüftextensionswinkel. Daraufhin führt der Tester das linke Bein in einen maximal möglichen Kniebeugewinkel. Dieser Kniebeugewinkel, der Winkel zwischen Ober- und Unterschenkel, dient als Messbereich. Das Becken und der Rücken müssen flach aufliegen und fixiert sein. Ein Abheben des Beckens sowie eine Hyperlordose in der Lendenwirbelsäule soll vermieden werden. Der Test wird für beide Seiten der Kniestreckmuskulatur durchgeführt sowie bewertet und verglichen. Stufe 0: Keine Defizite in der Bewegung; Der Unterschenkel hängt senkrecht herunter; Der Tester kann durch leichten Druck die Kniebeugung vergrößern Stufe 1: Leichte Defizite in der Bewegung; Der Unterschenkel ist leicht nach vorne gestreckt; Der Tester kann durch leichten Druck die Kniebeugung auf 90° heranführen Stufe 2: Starke Defizite in der Beweglichkeit; Der Unterschenkel ist stark nach vorne gestreckt; Trotz Druck des Testers erreicht der Kniebeugewinkel keine 90°
Mm. Ischiocrurales	Der Proband befindet sich in Rückenlage. Das rechte Bein ist zu 90° angewinkelt, Knie- und Hüftgelenk sind gebeugt. Diese Position muss in der gesamten Testung beibehalten werden. Der Tester bringt das linke Bein in die maximale Flexion der Hüfte mit gestrecktem Kniegelenk. In der Übung bleibt die Patella frei und das Knie im gesamten Verlauf gestreckt. Der Winkel zwischen Beinachse und Longitudinalachse ergeben den Messbereich. Das Becken und der Rücken müssen flach aufliegen und fixiert sein. Ein Abheben des Beckens sowie eine Hyperlordose in der Lendenwirbelsäule soll vermieden werden. Der Test wird für beide Seiten der Kniebeugemuskulatur durchgeführt sowie bewertet und verglichen. Stufe 0: Keine Defizite in der Bewegung; Die Hüftgelenksflexion ist im Ausmaß von 90° möglich Stufe 1: Leichte Defizite; Die Hüftgelenksflexion ist im Ausmaß von 80°-90° möglich Stufe 2: Starke Defizite; Die Hüftgelenksflexion ist nur im Ausmaß von unter 80° möglich
Mm. Triceps surae	Der Proband befindet sich in Rückenlage. Das rechte Bein ist zu 90° angewinkelt, Knie- und Hüftgelenk sind gebeugt. Der Fuß steht fest auf der Liegefläche. Das linke Bein ist gestreckt, wobei die Hälfte des Unterschenkels frei vom Ende der Liege liegt. Der Tester greift mit einer Hand das linke Bein distal am Fersenbein. Die andere Hand liegt an der Fußaußenkante, wobei ein leichter Zug an der Ferse nach distal durchgeführt wird. Der Vorfuß wird mit leichtem achsengerechten Druck mit dem Daumen der anderen Hand zum Schienbein in eine maximale Dorsalextension gelenkt. Wird in der Dorsalextension das Kniegelenk gebeugt und das Ausmaß der Bewegung durch den Tester vergrößert, können Rückschlüsse bezüglich des M. soleus gezogen werden. Des Weiteren besteht der Mm. Triceps surae aus dem M. gastrocnemius. Für eine diesbezügliche Testauswertung muss das Kniegelenk gestreckt fixiert sein. Der Test wird für beide Seiten der Wadenmuskulatur durchgeführt sowie bewertet und verglichen. Stufe 0: Keine Defizite in der Bewegung; mögliche Dorsalextension ist bis zur 0° Stellung möglich, heißt 90° zwischen Unterschenkel und Fuß Stufe 1: Leichte Defizite in der Bewegung; Dorsalextension ist möglich, jedoch wird die 0° Stellung nicht erreicht Stufe 2: Starke Defizite in der Bewegung; Dorsalextension nur möglich bis 10° unterhalb der 0° Stellung

Tab. 4: Manuelle Beweglichkeitstestung sowie Bewertung und Interpretation des Kunden (Eigene Darstellung)

Zu testende Muskelgruppen	Bewertung und Interpretation
M. pectoralis major	Links: Stufe 0 | Rechts: Stufe 0 Beide Seiten des M. pectoralis major zeigen keine Einschränkungen und somit eine gute Beweglichkeit. Der Oberarm erreicht die Horizontale. Es muss kein Druck auf den Oberarm ausgeübt werden. Aufgrund seiner aktuellen sportlichen Aktivität wird der große Brustmuskel ausreichend gedehnt sowie bewegt.
M. iliopsoas	Links: Stufe 0 | Rechts: Stufe 0 In der Hüftbeugemuskulatur lassen sich keine Defizite in der Bewegung feststellen. Der Oberschenkel erreicht die Horizontale mit leichtem Druck. Der Muskel wird durch seine Arbeit sowie sportlichen Aktivitäten genug aktiv bewegt, wodurch bisher keine Einschränkungen sichtbar sind. Fußball, Tanzen sowie Arbeit findet alles in einem aufrechten Gang statt, wodurch die Hüftbeugemuskulatur nicht belastet wird.
M. rectus femoris	Links: Stufe 2 | Rechts: Stufe 2 Es zeigen sich beiderseits erhebliche Defizite in der Kniestreckmuskulatur. Trotz starken Druck bleibt der Kniebeugewinkel bei ca. 70°, wodurch der Unterschenkel stark nach vorne gestreckt ist. Im Fußball wird der M. rectus femoris wenig belastet, wodurch die Beweglichkeit nachlässt. Ohne jahrelanges gezieltes Beweglichkeitstraining entstehen schnell Defizite in der Bewegung.
Mm. ischiocrurales	Links: Stufe 2 | Rechts: Stufe 2 Gleichermaßen lassen sich starke Defizite in der Bewegung feststellen. Die Flexion des Hüftgelenks erreicht ein Ausmaß von 50°. Die einseitige Belastung im Fußball sowie im Beruf lassen auf diese Defizite schließen. Die Bewegung der Mm. Ischiocrurales ist der Kunde aufgrund seiner Alltagsbelastungen nicht gewohnt.
Mm. Triceps surae	Links: Stufe 0 | Rechts: Stufe 0 Beide Seiten des Mm. Triceps surae lassen keine Defizite in der Bewegung feststellen. Zwischen Unterschenkel und Fuß liegen ca. 90°. Die tägliche Belastung der körperlich anstrengenden Arbeit, im Alltag sowie im Sport, reicht für die Beweglichkeit und Aufrechterhaltung aus. Die Muskelgruppe ist vor allem beim Fußball sowie im Tanzen in ständig ausreichender Bewegung.

3 Trainingsplanung Beweglichkeitstraining

Tab. 5: Trainingsplanung für das Beweglichkeitstraining im Sinne eines Dehnprogramms für den Kunden (Eigene Darstellung/ Prometheus App)

Muskelgruppe	Beschreibung der Dehnübung
M. trapezius „Kopf zur Seite neigen"	*Ansatz:* Schulterblatt (Spina scapulae), Schulterdach, Schlüsselbein (lateral) *Ursprung:* Hinterhaupt der Nackenlinie, äußerer Knochenvorsprung am Hinterhauptsbein, Dornfortsätze Hals- und Brustwirbelsäule *Funktion:* Arme über die Horizontale heben (Elevation) sowie Stabilisierung der Schulter beim Tragen von Lasten; Schulterblatt an Körper heranziehen oder drehen *Durchführung:* Der Kunde befindet sich in Ausgangsstellung im geraden Stand, wobei die Schultern hängen gelassen werden. Die Augen zeigen nach vorne. Der Kopf wird langsam zur Seite

Muskelgruppe	Beschreibung der Dehnübung
	geneigt. Um die Dehnung zu verstärken wird mit der ipsilateralen Hand über den seitlich geneigten Kopf gegriffen. Dadurch wird die Neigung des Kopfes verstärkt. Die gegenüberliegende Schulter wird bewusst hängen gelassen. Dabei zieht die Gegenhand nach unten. Dadurch kann die Dehnung verstärkt wahrgenommen werden. Danach wird die Ausgangsposition wieder eingenommen und der Vorgang wiederholt. Der Test wird für beide Seiten des Trapezmuskels durchgeführt. *Dehnmethode: passiv – statisch;* Die Neigung des Kopfes zu einer Seite wird in der Position gehalten, wodurch die Übung statisch ausgeführt wird. Aufgrund dessen, wir den Arm als Unterstützung der Dehnposition miteinbeziehen und den Antagonisten nicht mit einbeziehen, ist diese Übung passiv.
M. pectoralis major **„Arme nach hinten führen"**	*Ansatz:* Knochenleiste des Oberarmknochens (Crista tuberculi majoris humeri) *Ursprung:* Mediale Hälfte des Schlüsselbeins, Sternum, Knorpel der 2-6te Rippe sowie Sehnenplatte des langgestreckten Bauchmuskels *Funktion:* Anteversion, Adduktion und Innenrotation des Arms im Schultergelenk *Durchführung:* Der Kunde steht im geraden Stand und der Oberkörper ist aufrecht. Die Knie sind leicht gebeugt. Es wird ein Holzstab mit beiden Händen festgehalten, wobei die Arme locker herunter hängen. Die Handinnenflächen sind nach innen gedreht. Der Abstand zwischen den Armen ist ein wenig breiter als schulterbreit. Im Laufe der Übung kann der Abstand verkleinert werden. Die Arme sind gestreckt und werden langsam hinter den Kopf geführt. Die Streckung wird in der gesamten Ausführung beibehalten. Die Übung wird so weit ausgeführt, bis eine Dehnung in der Brustmuskulatur spürbar ist. Daraufhin geht es zurück in die Ausgangsposition zurück. *Dehnmethode: aktiv – dynamisch;* Die Übung ist aktiv, da der Antagonist (Trapezmuskel) des Brustmuskels angespannt wird. Zudem wird die Übung dynamisch ausgeführt, da die Arme in Bewegung bleiben sollen.
M. obliquus externus abdominis **„Angewinkelte Beine seitlich neigen"**	*Ansatz:* oberer Beckenkamm, Leistenband, mediane Bandstruktur (Linea alba) *Ursprung:* 5.-12. Rippe *Funktion:* Rumpfneigung-, drehung und Beugung ipsilateral, Unterstützung bei der Ausatmung (Atemhilfsmuskulatur) *Durchführung:* Ausgangsposition ist die Rückenlage auf einer Matte. Die Arme liegen seitlich in einem 90° Winkel vom Körper adduziert. Die Füße sind aufgestellt. Die abgewinkelten Beine werden nun seitlich abgelegt (so weit wie möglich Richtung Boden). Die Schulter muss bei der Übung auf dem Boden bleiben. Der Oberkörper bleibt mit dem Rücken aufgelegt. Danach werden die Beine wieder in die Ausgangsstellung gebracht und zur anderen Seite geneigt. *Dehnmethode: passiv – dynamisch;* Die Übung wird dynamisch ausgeführt, da ein Wechsel zwischen den Seiten stattfindet. Des Weiteren wird der Antagonist nicht angespannt, weshalb die Übung passiv durchgeführt wird.
M. quadriceps femoris (vier Anteile) **1) „Oberkörper und Hüfte nach vorne neigen"**	*Ansatz:* Verläuft über die Kniescheibe zum oberen Schienbein (Tuberositas Tibiae) *Ursprung:* mit vier Köpfen am Oberschenkelknochen sowie am Darmbein *Funktion:* Extension des Kniegelenks (Aufrichtung des Körpers), Flexion des Hüftgelenks *Durchführung 1):* Als Ausgangsposition befindet sich der Kunde im Fersensitz. Der Oberkörper wird aufgerichtet. Die Hüfte wird nach vorne geschoben. Oberkörper und Oberschenkel bilden dabei möglichst eine senkrechte Linie. Im gesamten Verlauf der Übung bleibt die Hüfte nach vorne gerichtet. Der Oberkörper wird nun mit gestreckter Hüfte nach hinten geneigt. Die Hände können vor der Brust verschränkt werden oder als Stabilisierung auf den Boden aufgestellt werden. Der Kunde lehnt sich soweit nach hinten, dass die Streckung in der Hüfte beibehalten wird und eine Dehnung im vorderen Oberschenkel spürbar ist. *Dehnmethode: postisometrisch;* Zu Beginn wird die Dehnposition leicht eingenommen. Beim Hervorschieben der Hüfte wird der Oberschenkel in der Dehnposition für 10 Sekunden isometrisch gehalten. Daraufhin folgt eine kurze Pause, woraufhin die Dehnposition wieder eingenom-

Muskelgruppe	Beschreibung der Dehnübung
	men wird. Die Übung wird im Wechsel zwischen Dehnreiz und Pause ausgeführt.
	Durchführung 2): Der Kunde geht in einen Ausfallschritt, wobei das hintere Knie auf dem Boden abgesetzt wird. Das vordere Bein wird zu 90° angewinkelt. Der Oberkörper ist gerade aufgerichtet. Die Hüfte ist ebenfalls gerade gestellt. Das hintere Bein wird nun mit der Hand (auf derselben
2)„Ausfallschritt und Ferse zum Gesäß"	Seite des hinteren Beines) an den Unterschenkel oberhalb des Knöchels gegriffen. Die Ferse wird daraufhin Richtung Gesäß geführt. Es sollte eine Dehnung in der Vorderseite des Oberschenkels spürbar sein. Zur Verstärkung können die Fußspitzen Richtung Gesäß angezogen werden. Danach wird die Ausgangsposition wieder eingenommen und der Vorgang wiederholt. Der Test wird für beide Seiten durchgeführt.
	Dehnmethode: passiv – statisch; Aufgrund der Mitbeteiligung unserer Hände als Hilfsmittel wird die Übung passiv ausgeführt. Wir halten die Dehnübung statisch in der Endposition.
Ischiocrurale Muskulatur "Grätschsitz"	*Ansatz:* Unterschenkel (medial sowie lateral)
	Ursprung: Sitzbein
	Funktion: Flexion des Kniegelenks und Extension des Hüftgelenks
	Durchführung: Als Ausgangsposition wird ein maximaler Grätschsitz auf einer Matte eingenommen. Beide Beine sind in der gesamten Ausführung durchgängig nach außen gestreckt. Der Oberkörper wird nach vorne geneigt, wobei der Rücken des Kunden gerade bleibt (so weit wie es möglich ist). Das Becken wird hierbei nach vorne gekippt und die Hüfte gebeugt. Für eine Verstärkung der Dehnung können die Füße mit den Händen festgehalten werden. In der Knierückseite und im Oberschenkel sollte eine Dehnung spürbar sein.
	Dehnmethode: aktiv – statisch; Die Position wird statisch in der Dehnung gehalten. Durch die Flexion der Hüfte wird der Antagonisten (M.quadriceps femoris) mit angespannt, wodurch die Übung aktiv ist.
M. iliopsoas „Ausfallschritt auf Erhöhung"	*Ansatz:* Zwei Anteile: M. psoas major am kleinen Rollhügel des Oberschenkelknochens sowie M. iliacus an der Darmbeinschaufel
	Ursprung: 12. Brustwirbelkörper, den ersten vier Lendenwirbelkörpern und dazugehörigen Bandscheiben, Querfortsätze der 1.-5. Lendenwirbel
	Funktion: Flexion des Hüftgelenks, Aufrichtung des Rumpfes aus Rückenlage, Flexion und Seitneigung der Wirbelsäule, Außenrotation des Oberschenkels
	Durchführung: Die Ausgangposition ist ein Ausfallschritt, indem ein Fuß auf einem kniehohen Kasten steht. Dabei ist das Kniegelenk in einem 90° Winkel aufgestellt. Der andere Fuß wird auf den Boden abgestellt und ist gestreckt. Beide Füße sind leicht nach außen nebeneinander versetzt aufgestellt. Der Oberkörper ist in der Übung aufgerichtet und die Hüfte ist gerade gestellt. Nun wird die Hüfte nach vorne geschoben bis ein Dehnreiz spürbar ist. Für eine Verstärkung der Dehnung kann der Oberkörper zur Seite geneigt werden (Seite des aufgestellten Fußes auf dem Kasten). Danach wird die Ausgangsposition wieder eingenommen und der Vorgang wiederholt. Der Test wird für beide Seiten der inneren Hüftmuskulatur durchgeführt.
	Dehnmethode: passiv – statisch; Die Übung wird in der Position statisch gehalten. Die Hüfte wird hierbei passiv nach vorne geschoben. Die ischiocrurale Muskulatur und Gesäßmuskulatur als Antagonisten werden nicht angespannt.
Adduktoren	Muskelgruppe auf der medialen Seite des Oberschenkels, setzt sich zusammen aus Mm. adductor magnus, longus, brevis, minimus sowie Mm. pectineus und gracilis
	Ansätze: Schienbein, hintere Oberschenkelseite
	Ursprung: Schambein bis unterem Ende des Oberschenkels
	Funktion: Adduktion des Hüftgelenks
1)"Adduktoren Spreizsitz"	*Durchführung 1):* Die Ausgangsposition ist im Spreizsitz. Die Fußsohlen liegen aneinander. Der Oberkörper ist gerade aufgerichtet und bleibt im gesamten Verlauf der Übung gerade. Als Unterstützung kann sich der Kunde mit dem Rücken an eine Wand setzen. Die Knie werden in Richtung Boden gedrückt. Das Becken wird dabei nach vorne gekippt. Die Fußsohlen werden so weit wie möglich in Richtung Becken gezogen. Die Dehnung sollte in der Oberschenkelinnenseite

Muskelgruppe	Beschreibung der Dehnübung
	spürbar sein. *Dehnmethode:* passiv – statisch; Durch Druck der Hände auf die Knie wird diese Übung passiv durchgeführt. In der Endposition wird die Dehnung statisch gehalten.
2)„Adduktoren Ausfallschritt"	*Durchführung 2):* Der Kunde steht aufrecht gerade mit beiden Füßen auf dem Boden. Die Fußspitzen zeigen in der gesamten Übung nach vorne. Ein Bein wird in einem Ausfallschritt zur Seite weg bewegt und es erfolgt eine Extension im Kniegelenk. Das andere Bein wird leicht angewinkelt. Die Fersen bleiben auf dem Boden. Für eine Verstärkung der Dehnung kann der Oberkörper zur Seite des angewinkelten Beines gelehnt und das Knie nach außen bewegt werden. Hierbei bleibt der Oberkörper möglichst aufrecht. Zur Stabilisierung können die Hände auf das angewinkelte Knie gelegt werden. Es sollte eine Dehnung in der Oberschenkelinnenseite des gestreckten Beines spürbar sein. Danach wird die Ausgangsposition wieder eingenommen und der Vorgang wiederholt. Der Test wird für beide Seiten der Oberschenkelinnenseite ausgeführt. *Dehnmethode:* passiv – dynamisch; Durch die passive Bewegung im Oberkörper wird die Dehnungsposition kurzweilig eingenommen und kurz gehalten. Danach wird die Position immer wieder von Ausgangs- zur Endposition gewechselt, wodurch die Übung dynamisch ausgeführt wird.
M. glutaeus medius „Beine in Rückenlage übereinanderschlagen und zum Körper ziehen"	*Ansatz:* Großer Rollhügel des Oberschenkelknochens *Ursprung:* Darmbeinschaufel *Funktion:* In Verbindung mit dem M. glutaeus minimus Innenrotation und Flexion des Hüftgelenks (ventral) und Außenrotation und Extension des Hüftgelenks (dorsal) *Durchführung:* Der Kunde befindet sich in Rückenlage auf einer Matte. Dabei winkelt er ein Bein auf 90° auf dem Boden an. Das andere Bein wird darüber geschlagen, wobei der Knöchel auf dem Knie liegt. Nun wird mit beiden Händen in die Kniekehle des abgestellten Fußes gegriffen. Daraufhin zieht der Kunde diese Position in Richtung Oberkörper. Es sollte eine Dehnung in der äußeren Gesäßmuskulatur spürbar sein. Danach wird die Ausgangsposition wieder eingenommen und der Vorgang wiederholt. Der Test wird für beide Seiten des mittleren Gesäßmuskels durchgeführt. *Dehnmethode:* passiv – statisch; Die Position wird statisch in der Dehnung gehalten. Durch das Heranziehen des Beines mit der Unterstützung der Hände wird die Übung passiv ausgeführt und der Antagonist (M. Iliopsoas) nur geringfügig angespannt.

Tab. 6: Belastungsgefüge des Dehnprogramms (Eigene Darstellung)

Dehnmethode	Belastungsgefüge
Passiv – statisch Aktiv – statisch	3 Sätze pro Seite; Die passiv bzw. aktiv statische Übung wird 45 Sekunden in der Position gehalten; Die Dehnintensität wird pro Satz gesteigert: Von der ersten Dehnschwelle im ersten und zweiten Satz, bis hin zur Dehngrenze im dritten Satz.
Passiv – dynamisch Aktiv – dynamisch	3 Sätze mit jeweils 10 Wiederholungen; Die Übung wird bis zur Dehnschwelle ausgeführt und 2-3 Sekunden in dieser Position gehalten, danach geht es wieder in die Ausgangsposition.
Postisometrisch	3 Sätze mit jeweils 10 Sekunden als postisometrische Dehnübung; Die Dehnintensität soll in 60 Sekunden vom ersten bis hin zum letzten Dehnreiz immer wieder verstärkt werden.

Das Beweglichkeitstraining des Kunden umfasst 10 Dehnübungen. Obwohl der Kunde aktuell sportlich sehr aktiv ist wurde noch kein effektives Dehntraining im Rahmen seiner Aktivitäten durchgeführt. Zudem zeigt der manuelle Beweglichkeitstest, dass seine Beweglichkeit speziell für seine sportlichen Erfolge insbesondere beim Fußball und Tanzen erhöht werden sollte. Um die Beweglichkeit zu verbessern sowie bereits gute Beweglichkeit zu sichern sind zwei bis drei Dehntrainingseinheiten pro Woche unbedingt erforderlich (Rancour, Holmes & Capriani, 2009). Um den zeitlichen Verfügungsrahmen zu berücksichtigen liegt die Trainingshäufigkeit bei 4-mal pro Woche (Montag/ Mittwoch/ Freitag/ Sonntag). Da der Kunde schon Erfahrungen bezüglich des Dehnens in seinen sportlichen Aktivitäten gesammelt hat, wurden in der statischen Dehnung pro Seite 3 Sätze zu je 45 Sekunden festgelegt. Der Dehnreiz kann hinsichtlich seiner Dauer bis zu 60 Sekunden gesteigert werden, um den bestmöglichen Erfolg zu erzielen (Walker, 2009, S.37). Des Weiteren sollte Beweglichkeit immer in Bezug zu den motorischen Fähigkeiten gesetzt werden. Diese sind meist nicht ausschließlich angeboren, sondern bilden und entwickeln sich vor allem in sportlichen Tätigkeiten (Grosser & Zintl, 1994, S.10). Durch wiederholtes Üben werden motorische Fertigkeiten einer Bewegung erlernt und zu einem automatischen Prozess, wie beispielsweise das Dribbling im Fußball oder der Spagat beim Tanzen. Als erste Dehnübung wird der Kapuzenmuskel des Kunden gedehnt, um seinen Verspannungen im Nackenbereich entgegenzuwirken. Des Weiteren wird der große Brustmuskel gedehnt. Aufgrund von alltäglichen Belastungen neigt der Körper dazu, alle Bewegungen vor unserem Körper auszuführen. Die Arme werden nur selten auf die Rückseite des Rumpfes geführt. Durch die körperlich anstrengende Arbeit hat der Kunde eine hohe Belastung auf die Wirbelsäule. Die Dehnung der Bauchmuskulatur soll die aufrechte Haltung unterstützen sowie die Beweglichkeit des Oberkörpers und Rumpfes fördern. Da der Kunde seine Beweglichkeit besonders im Fußball verbessern möchte wird der Schwerpunkt im Trainingsplan folglich auf die Oberschenkel-, Hüft- und Gesäßmuskulatur gelegt. Besonders im Fußball ist die motorische Beanspruchung durch starke Muskelaktivitäten dieser Muskulatur sehr hoch. Die manuelle Testung der Beweglichkeit hat gezeigt, dass erhebliche Defizite in diesen Bereichen bestehen. Es werden alle Dehnmethoden im Programm miteinbezogen, um eine Abwechslung und Vielfältigkeit zu bieten. Insbesondere aktive und passive Dehnungen werden genutzt, um Bewegungen mit großer Schwingungsweite in einem bzw. mehreren Gelenken ausführen zu können. Diese Bewegungen können eigenständig

10

oder unter Einfluss äußerer Kräfte ausgeführt werden (Weineck, 2002, S. 316). Jedoch wurde unabhängig von der Dehnmethode festgestellt, dass allein die Regelmäßigkeit eines Dehntrainings entscheidend für die Verbesserung der Beweglichkeit ist (Schönthaler & Ohlendorf, 2002, S. 29).

4 Trainingsplanung Koordinationstraining

Tab. 7: Trainingsplanung für das Koordinationstraining des Kunden (Eigene Darstellung)

Koordinationsübung	Beschreibung
Übung 1: Gegenlaufendes Armkreisen	Ein gerader aufrechter sowie hüftbreiter Stand wird eingenommen. Die Füße befinden sich fest auf dem Boden. Der Blick ist gerade ausgerichtet. Es werden gleichzeitig der linke Arm nach vorne und der rechte Arm nach hinten gekreist. Beide Arme sind im gesamten Verlauf der Übung gestreckt. Es erfolgt ein Richtungswechsel, wobei der rechte Arm nach vorne und der linke Arm nach hinten kreist. *Sätze pro Übung:* 1 Satz pro Richtung; *Satzpause:* 5 Sekunden; *Belastungsdauer:* 30 Sekunden
Übung 2: Gegenlaufendes Armkreisen mit geschlossenen Augen	Übung 1 wird mit geschlossenen Augen wiederholt *Sätze pro Übung:* 1 Satz pro Richtung; *Satzpause:* 10 Sekunden; *Belastungsdauer* 30 Sekunden
Übung 3: Einbeiniger Stand mit Streckung	Es wird ein gerader, aufrechter Stand eingenommen. Beide Füße sind fest im Boden fixiert. Die Hände befinden sich an der Hüfte. Die Hüfte und der Oberkörper bleiben gerade. Der Blick ist gerade ausgerichtet. Das Standbein wird im Knie leicht angewinkelt. Das andere Bein wird zu 90° gebeugt. Es erfolgt eine Streckung und Beugung des Unterschenkels, so weit es die Beweglichkeit zulässt. Im gesamten Verlauf bleibt der Oberschenkel waagerecht zum Boden. Die Fußspitzen werden nach vorne gestreckt. Die Übung wird für jeweils beide Seiten ausgeführt. *Sätze pro Übung:* 1 Satz pro Seite ; *Satzpause:* 5 Sekunden; *Belastungsdauer:* 15 Wiederholungen pro Seite
Übung 4: Einbeiniger Stand mit Streckung und geschlossenen Augen	Übung 3 wird mit geschlossenen Augen wiederholt *Sätze pro Übung:* 1 Satz pro Seite; *Satzpause:* 10 Sekunden *Belastungsdauer:* 10 Wiederholungen pro Seite
Übung 5: Einbeiniger Stand mit Streckung und Ball	Es wird ein gerader, aufrechter Stand eingenommen. Beide Füße sind fest im Boden fixiert. Die Hüfte und der Oberkörper bleiben gerade. Der Blick ist gerade ausgerichtet. Das Standbein wird im Knie leicht angewinkelt. Beide Arme befinden sich gestreckt auf Schulterhöhe vor dem Körper und umfassen einen Tiguar Gewichtsball (1kg). Das Standbein wird im Knie leicht angewinkelt. Das andere Bein wird zu 90° gebeugt. Es erfolgt eine Streckung und Beugung des Unterschenkels, so weit es die Beweglichkeit zulässt. Wird das Bein gestreckt erheben sich gleichzeitig die gestreckten Arme senkrecht über den Kopf. Wird das Bein wieder gebeugt senken sich die Arme zurück auf Schulterhöhe. Im gesamten Verlauf bleiben der Oberschenkel waagerecht zum Boden sowie die Arme gestreckt. Die Fußspitzen werden nach vorne gestreckt. Der Einbeinige Stand wird jeweils links und rechts ausgeführt. *Sätze pro Übung:* 1 Satz pro Seite; *Satzpause:* 10 Sekunden; *Belastungsdauer:* 10 Wiederholungen pro

Koordinationsübung	Beschreibung
	Seite
Übung 6: Diagonale im Vierfüß-lerstand auf dem Balance Pad	Der Kunde befindet sich als Ausgangsposition im Vierfüßlerstand, wobei beide Knie auf dem Balance Pad sind. Die Arme sind parallel unter die Schultern aufgestellt. Der Blick ist nach unten gerichtet. Nun werden gleichzeitig der rechte Arm nach vorne und das linke Bein nach hinten gestreckt. Das rechte Bein befindet sich auf dem Balance Pad. Wenn Arm und Bein gestreckt werden richtet sich der Blick innerhalb der Bewegung nach vorne, sodass der Nacken lang gestreckt ist. Der Körper bildet eine waagerachte Linie vom linken Sprunggelenk bis hin zur rechten Fingerspitze. Daraufhin werden Arm und Bein wieder gesenkt und die Übung wiederholt. Danach wird die Seite gewechselt. *Sätze pro Übung:* 1 Satz pro Seite; *Satzpause:* 5 Sekunden; *Belastungsdauer:* 10 Wiederholungen
Übung 7: Seitliches Beinheben auf Balance Pad	Es wird ein aufrecht gerader Stand mit den Füßen hüftbreit auf dem Balance Pad eingenommen. Der Rumpf bleibt im Verlauf der Übung stabil. Die Hände werden locker hängen gelassen. Das Standbein ist leicht im Knie angewinkelt. Aus dieser Position heraus wird das jeweils andere Bein zur Seite gehoben und gestreckt. Es sollte ein Winkel von 45° erreicht werden. Aus dieser Position werden vom angewinkelten Bein gleichmäßige und langsame Auf- und Abbewegungen ausgeführt. Jedoch wird der Fuß währenddessen nicht abgesetzt. Danach wird die Seite gewechselt. *Sätze pro Übung:* 1 Satz pro Seite, *Satzpausen:* 5 Sekunden, *Belastungsdauer:* 15 Wiederholungen pro Seite
Übung 8: Einbeiniger Stand mit Streckung des Beins und der Arme auf Balance Pad	Es wird ein aufrecht gerader Stand mit den Füßen hüftbreit auf dem Balance Pad eingenommen. Die Hände wergen auf Schulterhöhe ausgestreckt. Der Blick ist nach vorne gerichtet. Das Standbein ist gestreckt und der Fuß angewinkelt. Das Knie des anderen Beines wird bis auf Hüfthöhe gebeugt. Das gehobene Bein wird ausgestreckt und wieder angewinkelt (soweit es die Beweglichkeit zulässt, vgl. Übung 3). Im gesamten Verlauf bleibt der Oberschenkel waagerecht. Danach geht es in die Ausgangsposition zurück und die Seite gewechselt. Sätze pro Übung: 1 Satz pro Seite Satzpausen: 10 Sekunden Belastungsdauer: 10 Wiederholungen pro Seite
Übung 9: Seitliches Beinheben auf dem Balance Pad mit geschlossenen Augen	Übung 6 wird mit geschlossenen Augen wiederholt Sätze pro Übung: 1 Satz pro Seite Satzpausen: 15 Sekunden Belastungsdauer: 10 Wiederholungen pro Seite
Übung 10: Einbeiniger Stand mit Streckung des Beins und der Arme auf Balance Pad mit geschlossenen Augen	Übung 8 wird mit geschlossenen Augen wiederholt Sätze pro Übung: 1 Satz pro Seite Satzpausen: 15 Sekunden Belastungsdauer: 5 Wiederholungen pro Seite

Im Anamnesegespräch wurde festgestellt, dass der Kunde seine koordinativen Fähigkeiten als gut einschätzt. Zu Beginn wird eine Übung gewählt, welche dem Kunden durch sein Training im Fußball schon bekannt ist. Da die Übung dementsprechend leicht fällt wird im nächsten Schritt die Übung mit geschlossenen Augen ausgeführt. Über unsere Augen erhalten wir wichtige Informationen bezüglich der Körperhaltung und wahrnehmbare Veränderungen, wodurch die Gleichgewichtsfähigkeit gestärkt werden kann. Innerhalb gezielter Bewegungsabläufe wirken das Zentralnervensystem und die Skelettmuskulatur zusammen, welches als Koordination definiert werden kann (Hollmann & Strüder, 2009, S.140). Die Steigerung von Koordination kann gerade im Fußball bei speziellen Bewegungsabläufen helfen, da die Muskulatur mit dem zentralen Nervensystem besser zusammen arbeitet. Ausgangspunkt der nächsten vier Übungen ist der Einbeinstand. Das Niveau wird fortlaufend durch weitere koordinative Ansprüche gesteigert. Gerade im Fußball sind feine Bewegungen sowie das Zusammenspiel zwischen Gleichgewicht, Bein und Armen von großer Bedeutung. Als Übung 6 wurde die Diagonale im Vierfüßlerstand auf dem Balance Pad gewählt. Das Balance Pad stellt einen unebenen weichen Boden da, welcher auch im Fußball auf unterschiedlichen Sportplätzen vorkommen kann. Diese Übungen sollen zur Stärkung des Rückens beitragen. Durch koordinative Übungen kann die Haltemuskulatur der Wirbelsäule sowie gelenksumgebenden Muskeln besser trainiert werden (Hollmann & Strüder, 2009, S.143). Die weiteren Übungen dienen zur Stärkung der Beinmuskulatur in Kombination mit koordinativen Fähigkeiten für die Unterstützung des Kunden in seinen sportlichen Aktivitäten. Dieser Trainingsplan soll zwei mal die Woche ausgeführt werden.

5 Literaturrecherche: Effekte des Dehnens auf die Bewegungsreichweite bzw. auf die Dehnspannung

Tab. 8: Effekte des Dehnens auf die Bewegungsreichweite bzw. auf die Dehnspannung (modifiziert nach Chagos & Schmidtbleier, 2004; Glück, Schwarz, Hoffmann & Wydra, 2002)

	Studie 1	Studie 2
Durchführung der Studie	Mauro H. Chagos/ Dietmar Schmidtbleicher	S. Glück, M. Schwarz, U. Hoffmann, G. Wydra
Publikation der Studie	2004	2002
Forschungsfrage	Welche Auswirkungen haben unterschiedliche Dehntechniken im Hinblick auf die Entwicklung der Bewegungsamplitude, der Dehnungsspannung und der Dehngrenze nach einer Trainings- und Detrainingsphase? (+ Entwicklung der Bewegungsamplitude und Dehnungsspannung während des Trainings)	Gibt es Unterschiede zwischen der direkten und indirekten Eigendehnung und der indirekten Fremddehnung, nach 15 singulären Dehnungen bei kurzfristiger Betrachtung, im Hinblick auf die mittlere Ausprägung der Bewegungsreichweite, der Muskelaktivität und der Zugkraft?

	Studie 1	Studie 2
Versuchspersonen	20 Sportstudenten (18 Männer und 2 Frauen) Alter (Jahre): 25,3 ± 3,04 Jahre Größe (cm): 180,2 ± 6,46 cm Gewicht (kg): 75,3 ± 5,35 kg Experimentalgruppe 14 (männlich) Kontrollgruppe 6 (m: 4, w:2) – durfte kein Training für die ischiocrurale Muskulatur ausführen	27 Sportstudenten (m: 16, w:11) (Studenten, die Sportarten mit überdurchschnittlich hohen Anteilen an Beweglichkeit wie beispielsweise Turnen oder Akrobatik ausführten, wurden ausgeschlossen) Gesamt: Alter (Jahre): 24,8 ± 1,7 Größe (cm): 175,6 ± 7,7 Gewicht (kg): 67,6 ± 9,6
Versuchsaufbau	Es wurde über 6 Wochen (2x pro Woche) ein Beweglichkeitstraining der ischiocrurallen Muskulatur mit zwei verschiedene Dehntechniken an einem FLEXX Zirkel ausgeführt: passiv – statisch und postisometrisch (3 Sätze mit 4 Wiederholungen mit maximaler Dehnintensität 15 Sekunden halten mit 2 Minuten Satzpause). Es wurden Pre- und Posttestsvor bzw. nach der Trainingsphase bezüglich der maximalen Bewegungsamplitude, die maximale Dehnungsspannung und die Bewegungsamplitude an der Dehngrenze ermittelt. (Kontrollmessung: Trainingsbeginn, 4 Tage sowie 1, 2 und acht Wochen nach Post-Test) Bei den Detrainingsmessungen wurden Werte nach ein, zwei und acht Wochen nach dem Post-Test erfasst. Es durfte kein zusätzliches Beweglichkeitstraining stattfinden.	3 Gruppen (Zufallsverteilung) mit standardisierten Testformen für die ischiocrurale Muskulatur, wobei die Dehnfähigkeit überprüft wurde. Es fand eine dreiwöchige Testphase mit einem Test pro Woche statt. Der gesamte Testzeitraum betrag fünf Wochen. Test 1 (direkte Eigendehnung): Selbstständige Dehnung über einen Seilzug Test 2 (indirekte Eigendehnung): Selbstständiges Bedienen eines Elektromotors Test 3 (indirekte Fremddehnung): Dehnung durch einen Testleiter (Intensität konnte durch Zuruf verändert werden) Es durfte kein zusätzliches Beweglichkeitstraining stattfinden sowie keine körperlichen Belastungen am Tag vorher vor dem Testtermin. Verglichen wurden Eigen- und Fremdregulierte Dehnung.
Ergebnisse/ Schlussfolgerung	Die Entwicklung der maximalen Bewegungsamplitude verlief nach Trainingsende sowie im Verlauf des Trainings bei unterschiedlichen Dehntechniken sehr ähnlich (31,9% postisometrisch, 31,9% passiv-statisch – Post-Test). Es gibt keinen Unterschied bezüglich der Effektivität unterschiedlicher Dehntechniken. Für die maximale Bewegungsamplitude in der Detrainingsphase wurde ein anhaltender Trainingseffekt festgestellt. Die eingesetzten Dehntechniken auf die Dehnungsspannung zeigen, dass die Dehntechnik postisometrisch (37%) eine höhere positive Wirkung hatte als passiv-statisch (16,3%).	Die maximale Bewegungsreichweite der direkten Eigendehnung lag im Mittel 5% höher höher als bei der indirekten Eigen- und Fremddehnung. Es gab keinen signifikanten Unterschied zwischen den indirekten Dehnungen. Bezüglich Muskelaktivität, maximal tolerierter Zugkraft sowie Zugkraft bei konstantem Bezugswinkel konnten ebenfalls keine signifikanten Unterschiede festgestellt werden.

6   Literaturverzeichnis

Glück, S., Schwarz, M., Hoffmann, U., Wydra, G. (2002). Bewegungsreichweite, Zugkraft und Muskelaktivität bei eigen- bzw. fremdregulierter Dehnung. *Deutsche Zeitschrift für Sportmedizin*, 53 (3).

Großer, M., Zintl, F. (1994). *Training der konditionellen Fähigkeiten* (Studienbrief der Trainerakademie Köln des Deutschen Sportbundes, 2. Aufl.). Hofmann-Verlag GmbH & Co, KG.

Hollmann, W., Strüder, H. K. (2009). *Sportmedizin*. Grundlagen für körperliche Aktivität, Training und Präventivmedizin (5. Aufl.). Schattauer.

Janda, V. (2000). *Manuelle Muskelfunktionsdiagnostik* (4. Aufl.). München: Urban & Fischer.

Chagos, H. M., Schmidtbleicher, D. (2004). Auswirkungen von Beweglichkeitstraining auf die Bewegungsamplitude, Dehnungsspannung und Dehngrenze nach einer Trainings- und Detrainingsperiode. *Leistungssport*, 34(5), S.28-32.

Rancour, J., Holmes, C. F. & Cipriani, D. J. (2009). The effects of intermittent stretching following a 4-week static stretching protocol: a randomized trial. *Journal of strength and conditioning research / National Strength & Conditioning Association*, 23 (8), 2217–2222.

Schönthaler, S. R. & Ohlendorf, K. (2002). *Biomechanische und neurophysiologische Veränderungen nach ein- und mehrfach seriellem passiv-statischem Beweglichkeitstraining* (Wissenschaftliche Berichte und Materialien / Bundesinstitut für Sportwissenschaft, 1. Aufl.). Köln: Sport und Buch Strauß.

Walker, B. (2009). *Anatomie des Stretchings*. München: Riva Verlag, 2009.

Weineck, J. (2002). *Sportbiologie* (8. Auflage). Balingen: Spitta Verlag.

7   Tabellenverzeichnis

BEI GRIN MACHT SICH IHR WISSEN BEZAHLT

- Wir veröffentlichen Ihre Hausarbeit,
  Bachelor- und Masterarbeit

- Ihr eigenes eBook und Buch -
  weltweit in allen wichtigen Shops

- Verdienen Sie an jedem Verkauf

Jetzt bei www.GRIN.com hochladen
und kostenlos publizieren